Aprendamos Los Colores
Con Camron y Chloe

Denver International SchoolHouse

Aprendamos Los Colores con Camron y Chloe

Denver International SchoolHouse

© 2020 Denver International SchoolHouse

All rights reserved. No part of this publication may be reproduced, stored in a retrieval system or transmitted in any form or by any means, electronic, mechanical, photocopying, recording or otherwise without the prior permision of the publisher or in accordance with the provisions of the Copyright, Designs and Patents Act 1988 or under the terms of any licence permitting limited copying issued by the Copyright Licensing Angency.

ISBN : 978-1-7358013-2-2

*Nombre:*_____

Blanco

Colorea las imágenes de **blanco**.

*Nombre:*_____

Blanco

Colorea la imagen que es **blanca** en cada fila.

Denver International SchoolHouse

Nombre:_____

Blanco

*Dibuja algo más que sea **blanco**.*

*Ahora, traza la palabra **blanco**.*

Nombre:_____

Colorea las cosas blancas

Nombre:_____

Traza y escribe la palabra

blanco

blanco

Colorea los tres que pueden ser *blanco*.

Nombre:_____

Revisión de color

*Colorea el espacio marcado en **blanco** con el crayón correcto.*

Denver International SchoolHouse

Nombre:_____

Rojo

*Colorea las imágenes de **rojo**.*

Nombre:_____

Rojo

Colorea la imagen que es *roja* en cada fila.

Denver International SchoolHouse

Nombre:_____

Rojo

*Dibuja algo más que sea **rojo**.*

*Ahora, traza la palabra **rojo**.*

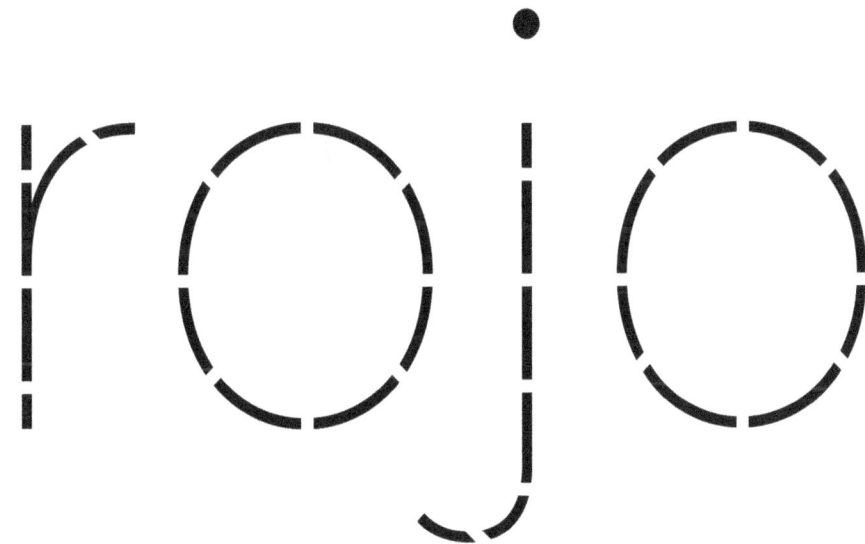

Nombre:_____

Colorea las cosas rojas

Nombre:_____

Traza y escribe la palabra

rojo

_____

- -

_____

Colorea los tres que pueden ser *rojo*.

Nombre:_____

Revisión de color

*Colorea el espacio marcado en **rojo** con el crayón correcto.*

Nombre:_____

Negro

Colorea las imágenes de *negro*.

Nombre:_____

Negro

*Colorea la imagen que es **negra** en cada fila.*

Nombre:_____

Negro

*Dibuja algo más que sea **negro**.*

*Ahora, traza la palabra **negro**.*

Nombre:_____

Colorea las cosas negras

Nombre:_____

Traza y escribe la palabra

negro

negro

Colorea los tres que pueden ser *negro*.

Nombre:_____

Revisión de color

*Colorea el espacio marcado en **negro** con el crayón correcto.*

Denver International SchoolHouse

Nombre:_____

Naranja

*Colorea las imágenes de **naranja**.*

Nombre:_____

Naranja

Colorea la imagen que es **naranja** en cada fila.

Denver International SchoolHouse

Nombre:_____

Naranja

*Dibuja algo más que sea **naranja**.*

*Ahora, traza la palabra **naranja**.*

Nombre:_____

Colorea las cosas naranjas

Denver International SchoolHouse

Nombre:_____

Traza y escribe la palabra

naranja

naranja

Colorea los tres que pueden ser *naranja*.

Nombre:_____

Revisión de color

Colorea el espacio marcado en **naranja** con el crayón correcto.

Denver International SchoolHouse

Nombre:_____

Azul

Colorea las imágenes de azul.

Nombre:_____

Azul

*Colorea la imagen que es **azul** en cada fila.*

Nombre:_____

Azul

*Dibuja algo más que sea **azul**.*

[ ]

*Ahora, traza la palabra **azul**.*

Nombre:_____

Colorea las cosas azules

*Nombre:*_____

Traza y escribe la palabra

azul

azul

Colorea los tres que pueden ser *azul*.

Nombre:_____

Revisión de color

Colorea el espacio marcado en *azul* con el crayón correcto.

Nombre:_____

Gris

Colorea las imágenes de *gris*.

*Nombre:*_____

Gris

Colorea la imagen que es *gris* en cada fila.

Denver International SchoolHouse

Nombre:_____

Gris

*Dibuja algo más que sea **gris**.*

*Ahora, traza la palabra **gris**.*

Nombre:_____

Colorea las cosas grises

Nombre:_____

Traza y escribe la palabra

gris

gris

Colorea los tres que pueden ser *gris*.

Nombre:_____

Revisión de color

*Colorea el espacio marcado en **gris** con el crayón correcto.*

Nombre:_____

Rosado

Colorea las imágenes de **rosado**.

Nombre:_____

Rosado

Colorea la imagen que es *rosada* en cada fila.

Nombre:_____

Rosado

*Dibuja algo más que sea **rosado**.*

[ ]

*Ahora, traza la palabra **rosado**.*

Nombre:_____

Colorea las cosas rosadas

Nombre:_____

Traza y escribe la palabra

rosado | rosado

Colorea los tres que pueden ser *rosados*.

Nombre:_____

Revisión de color

*Colorea el espacio marcado en **rosado** con el crayón correcto.*

Nombre:_____

Verde

Colorea las imágenes de **verde**.

Nombre:_____

Verde

*Colorea la imagen que es **verde** en cada fila.*

Nombre:_____

Verde

*Dibuja algo más que sea **verde**.*

*Ahora, traza la palabra **verde**.*

Nombre:_____

Colorea las cosas verdes

*Nombre:*_____

Traza y escribe la palabra

verde | verde

*Colorea los tres que pueden ser **verdes**.*

Nombre:_____

Revisión de color

*Colorea el espacio marcado en **verde** con el crayón correcto.*

Nombre:_____

Amarillo

Colorea las imágenes de **amarillo**.

Nombre:_____

Amarillo

Colorea la imagen que es **amarilla** en cada fila.

Nombre:_____

Amarillo

*Dibuja algo más que sea **amarillo**.*

*Ahora, traza la palabra **amarillo**.*

Nombre:_____

Colorea las cosas amarillas

Traza y escribe la palabra

amarillo amarillo

Colorea los tres que pueden ser **amarillos**.

Nombre:_____

Revisión de color

*Colorea el espacio marcado en **amarillo** con el crayón correcto.*

Nombre:_____

Morado

*Colorea las imágenes de **morado**.*

Nombre:_____

Morado

*Colorea la imagen que es **morada** en cada fila.*

Denver International SchoolHouse 56

Nombre:_____

Morado

*Dibuja algo más que sea **morado**.*

[ ]

*Ahora, traza la palabra **morado**.*

Nombre:_____

Colorea las cosas moradas

Nombre:_____

Traza y escribe la palabra

morado   morado

Colorea los tres que pueden ser **morado**.

Nombre:_____

Revisión de color

*Colorea el espacio marcado en **morado** con el crayón correcto.*

Denver International SchoolHouse

Revisión de colores

Colorea el espacio marcado con el crayón correcto.

Nombre:_____

Revisión de colores

Colorea y dibuja una línea para que cada imagen coincida con el crayón del mismo color.

Nombre:_____

Revisión de colores

Colorea dentro de las palabras con el crayón correcto.

Amarillo

Azul

Rojo

Negro

Denver International SchoolHouse

Revisión de colores

Colorea el espacio marcado con el crayón correcto.

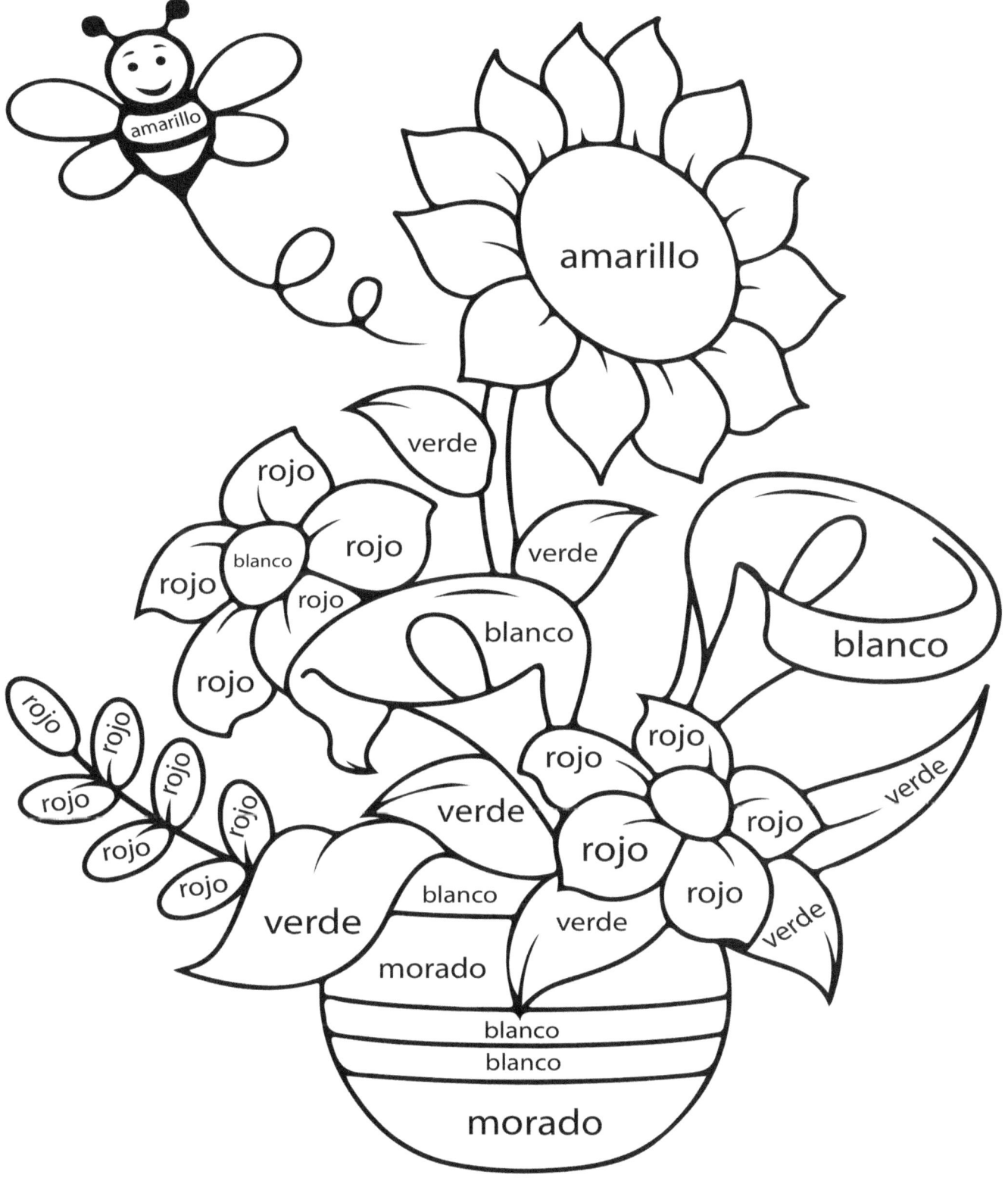

Nombre:_____

Revisión de colores

Colorea el espacio marcado con el crayón correcto.

1- rosado
2- verde
3- amarillo
4- morado
5- azul
6- gris
7- blanco
8- rojo
9- negro
10- naranja

Denver International SchoolHouse

Nombre:_____

Revisión de colores

Colorea y dibuja una línea para que cada imagen coincida con el crayón del mismo color.

Nombre:_____

Revisión de colores

Colorea dentro de las palabras con el crayón correcto.

Naranja

Verde

Rosado

Blanco

Nombre:_____

Revisión de colores

Colorea el espacio marcado con el crayón correcto.

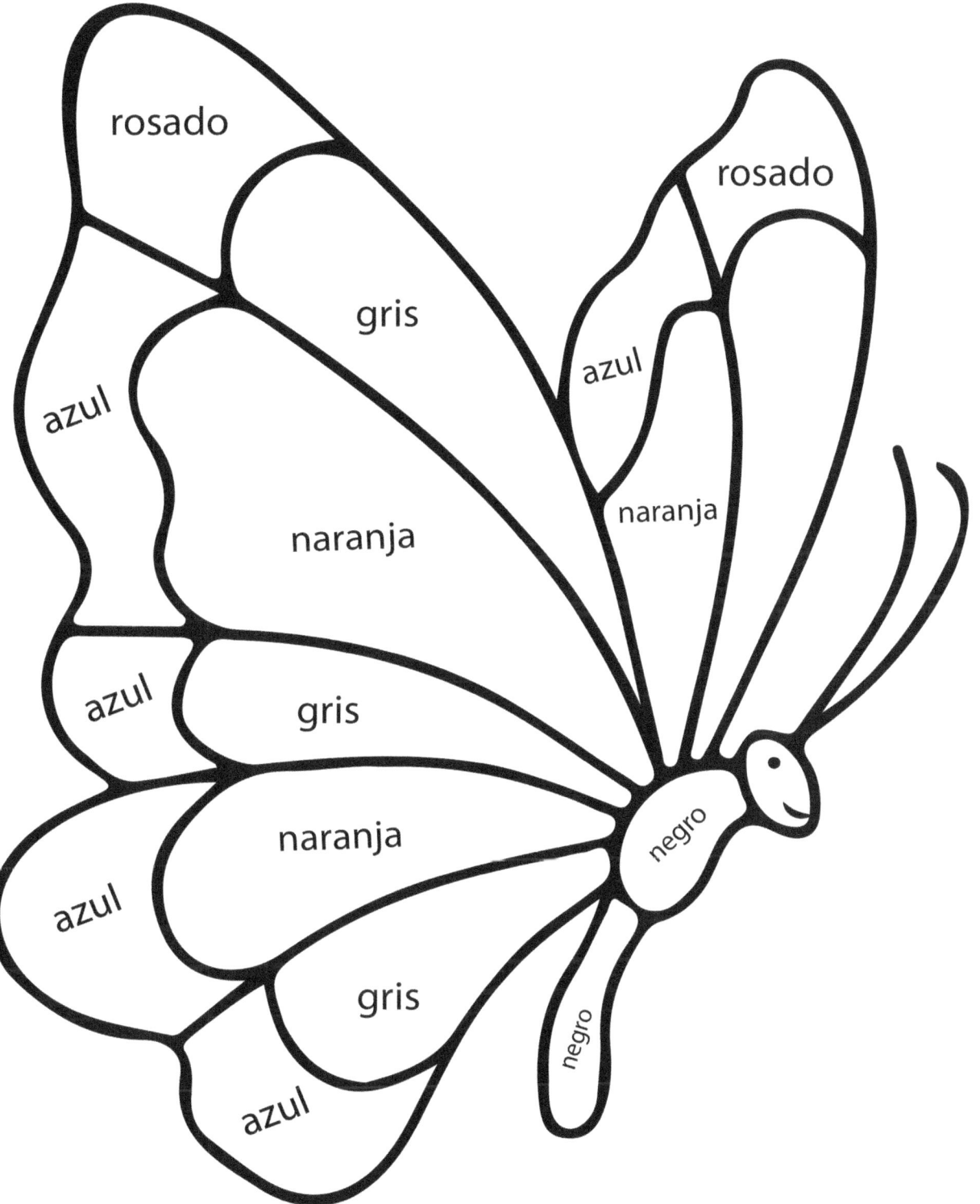

Nombre:_____

Revisión de colores

Colorea el espacio marcado con el crayón correcto.

1- azul
2- gris
3- rosado
4- verde
5- amarillo
6- morado
7- naranja
8- negro
9- rojo
10- blanco

Revisión de colores

Nombre:_____

Colorea y dibuja una línea para que cada imagen coincida con el crayón del mismo color.

Nombre:_____

Revisión de colores

Colorea dentro de las palabras con el crayón correcto.

Morado

Rojo

Gris

Verde

Nombre:_____

Revisión de colores

Colorea el espacio marcado con el crayón correcto.

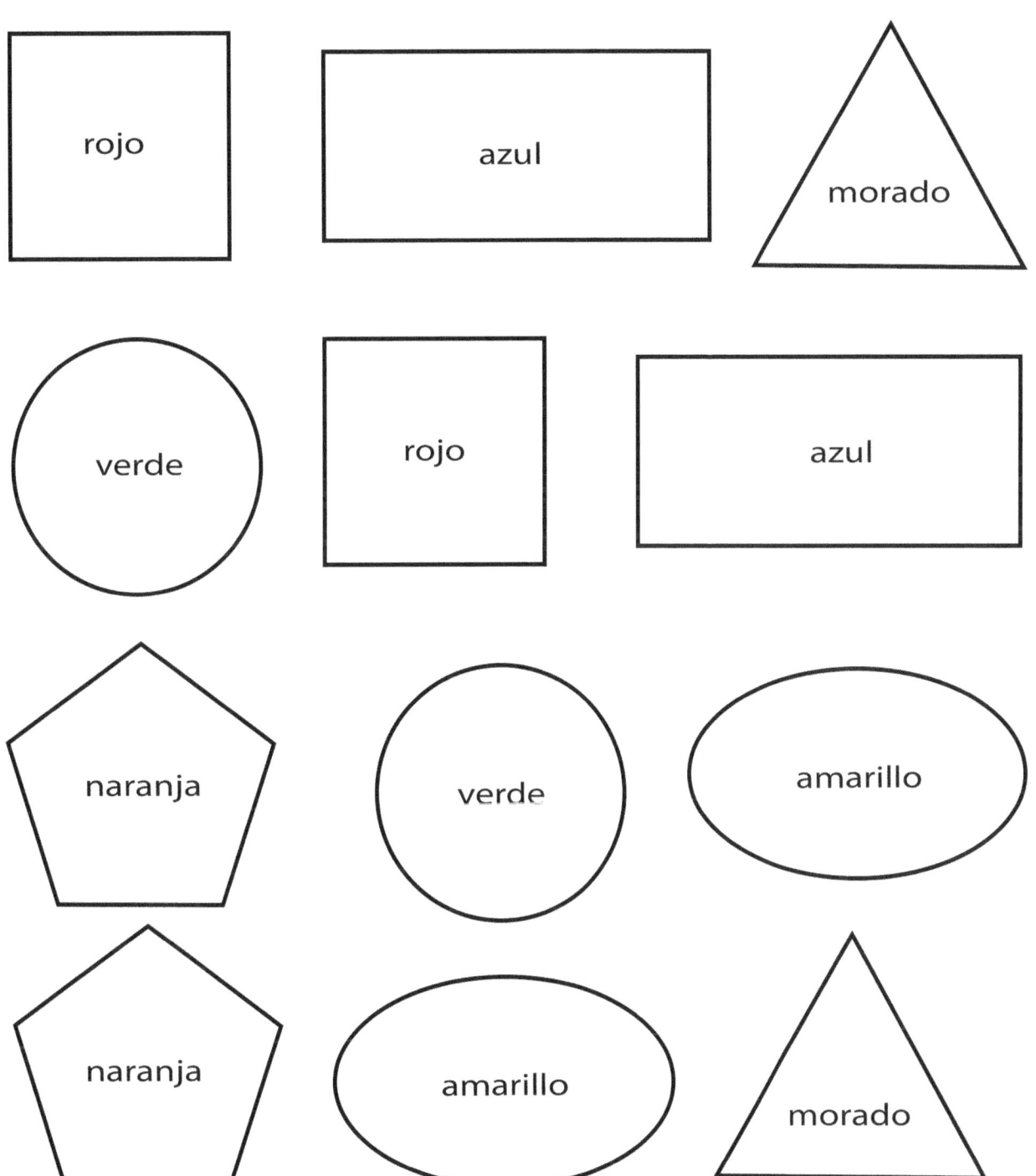

Revisión de colores

Colorea el espacio marcado con el crayón correcto.

1- naranja
2- verde
3- blanco
4- rojo
5- azul
6- gris
7- amarillo
8- morado
9- negro
10- rosado

Nombre:_____

Revisión de colores

Colorea y dibuja una línea para que cada imagen coincida con el crayón del mismo color.

Denver International SchoolHouse

Nombre:_____

Revisión de colores

Observa la secuencia de cada hilera y colorea la que sigue de acuerdo con la secuencia.

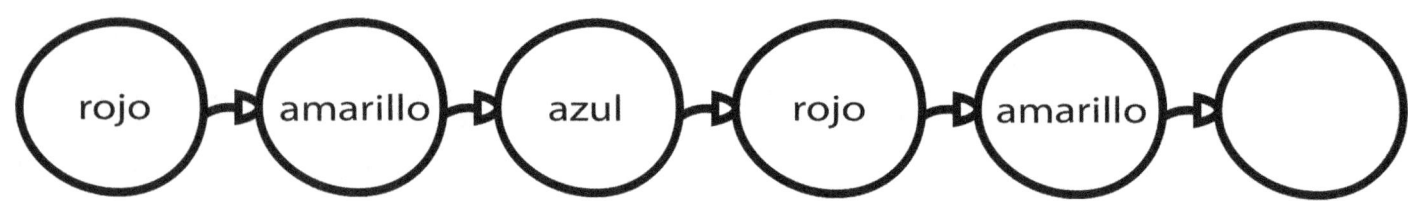

Revisión de colores

Colorea la letra marcada con el crayón correcto.

A = Blanco
B = Rojo
C = Negro
D = Naranja
E = Azul

Revisión de colores

Colorea el espacio marcado con el crayón correcto.

1- gris
2- blanco
3- negro
4- naranja
5- rojo
6- rosado
7- verde
8- azul
9- amarillo
10- morado

Nombre:_____

Revisión de colores

Colorea y dibuja una línea para que cada imagen coincida con el crayón del mismo color.

Nombre:_____

Revisión de colores

Colorea la letra marcada con el crayón correcto.

A = Blanco
B = Rojo
C = Verde
D = Amarillo
E = Azul

Contáctenos:

Web: www.dispreschool.com

Teléfono: (303) 928-7535

Facebook: @dispreschool

Twitter: @DISPreschool

Dirección: 6295 S Main St B113, Aurora, CO 80016